Superare brillantemente il colloquio di lavoro

Cento, e oltre, consigli per giovani, e meno giovani in carriera

Anno del copyright: 2013
Nota del copyright: di Luigi Casiraghi. Tutti i diritti riservati. Le informazioni di cui sopra costituiscono questa nota del copyright: © 2013 di Luigi Casiraghi. Tutti i diritti riservati. **ISBN**: 978-1-291-32756-4

L'autore

Nato nel 1951, laureato in scienze politiche all'Università di Pavia. Ha ricoperto posizioni manageriali in area risorse umane in grandi aziende multinazionali, tutte molto note, come Peugeot Italia e Ikea Italia.

L'opuscolo

Questo opuscolo è liberamente tratto da testi di cultura anglosassone, integrati con l'esperienza professionale. Il risultato è un testo leggero, adatto per i giovani che vogliono affrontare un colloquio di successo, e per meno giovani in carriera.

Premessa

Ben trovati a coloro che stanno per leggere questo opuscolo ricco di esempi pratici per un' ampia casistica di situazioni, con tanto di risposte a specifiche domande, che possono essere utilizzate come spunto per risposte intelligenti. Imparerete molto sulle differenti domande che possono essere poste ai candidati e sulle possibili risposte, onde evitare di cadere in trabocchetti antipatici. Le informazioni fornite hanno lo scopo di consentirvi di fare una buona impressione sull'intervistatore e poter ottenere il lavoro che desiderate.

Per chi cerca lavoro

Una lettura leggera
Un disoccupato viene chiamato per un colloquio in una grande multinazionale per la posizione di addetto alle pulizie. Il disoccupato supera le prove e l'intervista di selezione, e alla fine gli viene comunicato che viene assunto. "Sei assunto, dammi il tuo indirizzo e-mail, per le comunicazioni necessarie. " L'uomo, sbigottito, risponde che non sa neppure bene di cosa si stia parlando.
Il responsabile gli risponde che senza e-mail non si può fare l'assunzione. Perciò resta disoccupato e deve continuare ad arrangiarsi per sopravvivere. Come ha già fatto in passato va in un campo di pomodori, dove è già stato fato il raccolto, raccoglie ciò che resta e comincia a tentare di venderli porta a porta.
Con un po' di sorpresa scopre che la vendita va molto bene e quindi se ne procura altri, che vende quasi subito. Nello

stesso giorno riesce a fare quattro raccolti e quattro vendite.

Rendendosi conto che tutto ciò può diventare il suo lavoro, parte ogni mattina più presto da casa e rientra sempre più tardi la sera, e ogni giorno raddoppia o triplica il capitale. In poco tempo si compra un carretto, poi un camion e in un batter d'occhio si ritrova con un piccolo parco veicoli per le consegne. (non cercate il pelo nell'uovo ... i pomodori comincia a comprarli all'ingrosso ...)

Nel giro di cinque anni diventa il proprietario di una delle più grandi catene di negozi di alimentari. Allora pensa al futuro e decide di stipulare una polizza sulla vita per lui e la sua famiglia. Contatta un assicuratore, sceglie un piano previdenziale e quando alla fine della discussione l'assicuratore gli chiede l'indirizzo e-mail per mandargli la proposta, lui risponde che non ha il computer né la posta elettronica.

> "Curioso", osserva l'assicuratore "lei ha costruito un impero e non ha una e-mail!. Immagini che cosa sarebbe se avesse avuto un computer!" L'uomo riflette e risponde: "Sarei l'uomo delle pulizie di quella multi nazionale

Per molte persone un'intervista di lavoro è una faccenda molto preoccupante, è una situazione piuttosto innaturale nella quale i candidati siedono di fronte a un intervistatore o a gruppi di intervistatori, e inizia un dialogo finalizzato a sapere, da parte dell'intervistatore, se siete la persona giusta per il posto vacante. Il colloquio può essere vissuto come un'interrogazione per molti, e può essere molto stressante, non solo per i novizi.

L'intervista di lavoro

Da una prospettiva aziendale l'intervista di lavoro è uno strumento essenziale per assumere le persone giuste. Lungi dall'essere perfetto, questo strumento è diventato nel tempo sempre più affidabile ed è probabile che rimarrà importante anche per molti anni a venire. Per voi che cercate lavoro, o che aspirate a cambiarlo per crescere professionalmente, l'intervista è il passaggio finale di quello che forse è stato un percorso difficile iniziato con l'invio della vostra candidatura.

Normalmente l'intervista di lavoro ha luogo tra il candidato e un selezionatore dell'impresa che intende assumere. Il selezionatore appartiene normalmente al dipartimento delle risorse umane, all'alta direzione, o qualcuno del reparto dove c'è la posizione vacante. La maggior parte delle interviste, la prima intervista, dura almeno una ventina di minuti, ma ci sono casi in cui dura anche due ore.

La maggior parte delle interviste sono condotte chiedendo al candidato informazioni sulla passata esperienza, sulla sua etica del lavoro, sul tipo di percorso formativo che ha ricevuto e rilevante per la posizione disponibile, insieme ad informazioni sul candidato stesso. Le domande degli intervistatori esploreranno le capacità professionali, esperienze, motivazioni, abilità di lavorare in gruppo, e le qualifiche possedute.

Un'intervista di lavoro può essere difficoltosa da affrontare anche per persone con esperienza, ma un'ampia rassegna di consigli ed esempi vi aiuterà a rendere le cose più facili. Vi verrà spiegato non solo ciò che occorre sapere sulle varie domande che vi possono essere poste e su come rispondere, ma vi verranno anche dati suggerimenti per rispondere a insidiose domande di selezionatori di altissimo livello. Il tutto con in mente un solo obiettivo: fare in modo che siate assunti presto nell'azienda che volete.

Un'intervista di lavoro è un gioco di domande e risposte, è un esercizio di comunicazione con uno scopo ben definito, che consiste per l'intervistatore nel fatto di acquisire tutte le informazioni necessarie per decidere se assumere o meno. Voi che siete dei candidati giocate la vostra parte nel dare le informazioni richieste in modo conciso e chiaro, come se voleste vendere voi stessi. E' un gioco di equilibri che richiede capacità sopraffine, e questo opuscolo vi può aiutare.

Tipi di intervista

I datori di lavoro hanno scoperto che la tradizionale intervista non copre più tutti i bisogni connessi alla ricerca del candidato giusto per la posizione vacante. Come risultato oggi vengono usati molti tipi di intervista, che sono indicati qui di seguito. La casistica non è esaustiva, perché vi sono datori di lavoro molto creativi che usano metodi assolutamente originali, e datori di lavoro, diciamo molto importanti, a cui "non può insegnare nulla nessuno".

Intervista sulle competenze

Vien usata dai datori di lavoro per cercare di capire come i candidati reagiscono a certi tipi di situazioni di lavoro. La base di questo tipo di intervista è che i candidati reagiranno in base alle competenze che possiedono, e che ciò rispecchierà anche il comportamento futuro sul lavoro.

Intervista tradizionale

E' usata per raccogliere importanti informazioni sulle precedenti esperienze, carriera, studi, datori di lavoro, settori di business.

Intervista di gruppo

E' usato come metodo specialmente da grandi imprese, e sono stati sviluppati due tipi di intervista di gruppo. Il primo tipo quando un candidato è intervistato da diversi selezionatori in contemporanea, e si usa quando il candidato deve ricoprire una posizione almeno di medio livello. Il secondo tipo si ha quando diversi candidati sono intervistati da uno o più selezionatori. Di solito tra i selezionatori troviamo un rappresentante delle risorse umane, uno dell'alta direzione, e uno del reparto dove c'è la posizione da ricoprire.

Intervista strutturata

Molte organizzazioni usano un format standard di intervista. Questi format sono studiati per valutare meglio, e in modo omogeneo, i diversi candidati, che in questo modo si possono comparare più facilmente. Spesso le domande in questo tipo di intervista sono focalizzate sulle skills e le qualifiche.

Intervista multipla

Quando un candidato viene intervistato da più di un selezionatore in contemporanea, allo scopo di rendere il processo più efficace.

Intervista telefonica

E' ormai entrata nell'uso comune, e consente al selezionatore di scremare I candidati che non possiedono alcune caratteristiche importanti, prima di procedere all'intervista faccia a faccia. Sono relativamente poco costose e aiutano a risparmiare tempo.

Video intervista

Anche le video interviste sono usate sempre più spesso, dato che è sempre più facile utilizzare questi mezzi. Sono molto *utili per intervistare candidati che risiedono lontano dalla sede aziendale, e soprattutto per la prima intervista.*

Conclusioni

Per un candidato il conoscere che cosa lo aspetta durante l'intervista può essere una grande opportunità. Andate sempre a un'intervista di lavoro cercando di sapere più che potete sull'azienda e sulla posizione. E' importante anche che vi preparate un po' di domande da fare voi all'azienda. Più siete preparati per un'intervista di lavoro e meno sembrerete nervosi, e più aumentate la vostra possibilità di essere assunti.

Preparazione dell'intervista

Considerando il positivo impatto che un successo nella selezione ha sul candidato, che trova un nuovo lavoro, un più elevato stipendio, maggiori soddisfazioni personali e professionali, si capisce che vale assolutamente la pena preparasi come si deve. In effetti buona parte degli insuccessi nell'intervista di selezione è *dovuta a scarsa preparazione, per non aver dedicato abbastanza tempo a fare un po' di simulazioni.*

Spesso i candidati si dimenticano addirittura di riesaminare il testo dell'offerta, dimostrando incertezza su aspetti fondamentali che costuiscono la ragione della loro presenza davanti al selezionatore. Perciò preparatevi per l'intervista, altrimenti sembrerete disinteressati al lavoro di cui vi accingete a discutere.

La preparazione dell'intervista è di vitale importanza, ed è il primo passo verso il successo. Con un'adeguata preparazione voi capirete esattamente cosa il selezionatore sta cercando, avrete una buona idea delle domande che vi farà, e avrete le risposte pronte sulla punta della lingua.

L'intervista può mettere alla prova i nervi di molte persone, tuttavia, preparandola in anticipo voi potrete essere più tranquilli e performare alla grande perché la situazione vi apparirà quasi famigliare.

Un'approfondita preparazione è necessaria se volete dimostrare serietà, e non ci sono assolutamente scusanti se vi presentate dimostrando di non aver riflettuto abbastanza su ciò che state facendo.

Suggerimenti

Per prima cosa anticipate, riflettete in anticipo, su quali domande vi verranno fatte; al termine di questo opuscolo avrete i mezzi per farlo.

Poi preparate le risposte e alla fine provate e riprovate simulando, fino a che vi usciranno dalle labbra velocemente e con sicurezza. Ricordate che se avete poco tempo è comunque meglio una piccola preparazione che nulla. Ciò vale anche se avete 20 anni di esperienza, prepararsi è sempre molto utile, quando non indispensabile; del resto state facendo una delle cose più importanti della vostra vita professionale. Più tempo spendete per preparare l'intervista più chance avete di passare brillantemente.

Incominciate subito quando rispondete all'annuncio, senza chiedervi se sarete chiamati o no. Dovreste riuscire a spendere un'ora o due facendo pratica con le risposte.

Cercate di sapere tutto sulle interviste. Se venite chiamati da un'agenzia potete cercare di carpire il massimo delle informazioni possibili, facendo molte domande se ne avete l'opportunità, così si guadagnano lo stipendio.

Cercate di sapere in anticipo che format avrà l'intervista, dove si svolgerà, se sarà un colloquio individuale o un assessment center, se sono previsti test psicometrici, quanto durerà.

Chiedete in giro: questo è un grande suggerimento, anche se sembra banale.

Potreste conoscere qualcuno che lavora o ha lavorato per l'azienda che fa la ricerca. Questo qualcuno potrebbe dirvi molto sul vostro futuro capo, sui valori dell'azienda, sulle skills che sono importanti per loro.

Anticipate le domande: nel senso di cercare di saperle anticipatamente, almeno come tipologia. In questo modo potete prepararvi a rispondere in modo preciso e conciso.

Un altro grande lavoro di preparazione consiste nel farvi aiutare da un collega che agisce da intervistatore, e ciò vi abituerà a essere rilassati, fiduciosi e in controllo della situazione durante l'intervista.

Usate il vostro tempo saggiamente. Spesso vi siete sentiti consigliare di fare colloqui di selezione, anche se non siete particolarmente interessati, solo per fare esperienza. Può anche andar bene ma fate attenzione ! L'intervistatore se ne accorgerà, respingerà la vostra candidatura, e ciò impatterà sulla vostra autostima !

Evitate di prendere appunti. Darebbe solo l'impressione che non state ascoltando o che avete problemi a ricordare.

Vi vogliono ! Non sentitevi come chi deve mendicare un lavoro ! e non pensate che l'intervistatore ha tutto il potere ! l'intervista è sempre un processo a due vie e voi avete qualcosa che l'intervistatore sta, magari disperatamente, cercando.

Sorridete: persino quando siete al telefono. Il vostro interlocutore capisce se state sorridendo o no !

Ricordate i nomi: e usateli durante l'intervista !

Da non fare mai

Arrivare tardi: eppure molti candidati arrivano in ritardo all'intervista, che è una delle cose più importanti che il candidato dovrebbe avere in agenda. Non esistono scuse per il ritardo a un incontro della vita ! Se non siete sicuri del viaggio o del traffico fate un esperimento qualche giorno prima.

Dimostrare disperazione: questo si percepisce nelle risposte che date, per esempio se siete fuori dal processo produttivo da un certo tempo, o se faticate a trovare il primo lavoro, e gli anni passano.

Se siete troppo qualificati

Per diverse ragioni vi potreste essere candidati per una posizione inferiore alle vostre qualifiche ed esperienze. Potrebbe essere perché desiderate un lavoro meno stressante e una vita più tranquilla. Qualunque sia la ragione, quasi certamente l'argomento verrà fuori e dovete aver la risposta pronta. Tenete presente che l'intervistatore non ha dubbi che sapete fare il lavoro, ma ha dubbi sul vostro impegno futuro nel ruolo. E' preoccupato che voi diventiate infelici, annoiati, e di conseguenza abbandonate il campo alla prima occasione.

Consigli per i troppo qualificati

E' bene precisare all'intervistatore, appena possibile, che voi avete chiara la situazione e che non avete fatto un errore. Dimostrate che è così, facendo vedere che vi piacciono molto alcune cose della posizione offerta. Siate onesti e chiari, e se pensate che ciò sia in relazione al fatto che avete trovato un "posto fantastico per lavorare" presso un "employer of choice", ditelo all'intervistatore. Capirà che conoscete bene il mercato del lavoro.

Potrebbe essere che avete traslocato da una città in un'altra, e quindi ciò spiega bene perché siete disposto ad accettare anche un lavoro un po' meno qualificato.

Ricordate che ci possono essere molte ragioni per voler accettare un lavoro meno qualificato. Queste ragioni possono essere di famiglia, circostanze finanziarie particolari, e anche il desiderio di un lavoro meno stressante.

Non dipende dalla fortuna

Fare bene in un colloquio di lavoro non ha nulla a che vedere con la fortuna. E non è neppure solo una questione di esperienza. Avere successo in un'intervista ha a che fare con il saper rispondere in modo convincente e vincente a domande complicate, ma che sono prevedibili se siete preparati.

Linee guida per risposte vincenti

Usate sempre la prima persona singolare "Io": l'intervistatore vuole sentirvi parlare dei vostri obiettivi raggiunti, oltre che di voi, perciò dite "Io ho fatto questo ...", "io ho fatto quest'altro ...". Usatelo anche se il compito era di gruppo, evitate di usare

"Noi", che ha il sapore di una cosa in cui non eravate pesantemente coinvolti.

Datevi un po' di arie: evitate l'uso di frasi che indeboliscono il vostro apporto e le vostre risposte. Per esempio, se vi viene chiesto quanti sforzi avete fatto per ...., rispondete a passo di carica, ed evitate frasi del tipo "Io penso di essere abbastanza capace di comunicare", ma dite "La comunicazione è il mio punto di forza", "Io sono un eccellente comunicatore".

Dite ciò che potete dare, non ciò che volete prendere: ricordate sempre che l'intervistatore è interessato in cosa voi potete fare per la nuova organizzazione come nuovo impiegato. Perciò, se vi viene chiesto perché volete il lavoro, voi dite "ho molte skills per ricoprire questo ruolo", e non "e' un buon salto di carriera per me" oppure "Lo stipendio è più alto del mio attuale".

Rispondete alla domanda che vi è stata fatta: state sul pezzo e non tergiversate. Meglio far capire che non si conosce un certo argomento che rischiare di far pensare all'intervistatore che non sapete comunicare con efficacia o che non avete capito la domanda.

Fate degli esempi: molto spesso vi verrà chiesto di parlare di argomenti su cui siete particolarmente ferrati ed è saggio da parte vostra preparare esempi recenti per supportare le vostre risposte. Anche qui, state sul pezzo e date risposte precise e concise.

Dimostrate tutte le vostre skills: quando fate gli esempi cercate di rappresentare uno scenario in cui appaiano tutte le vostre capacità e competenze. In uno scenario possono agevolmente rientrare skills diverse, di relazione, leadership, manageriali, di pianificazione. Usate questa tecnica e datevi un po' di arie, ma senza esagerare e senza ripetervi.

Piccoli suggerimenti per risposte vincenti

Durante l'intervista, nella fase diciamo esplorativa, l'intervistatore e il candidate discuteranno con interesse reciproco, questo è un processo a due vie che serve all'intervistatore per capire quanto l'intervistato sia vicino al profilo che sta cercando. Il successo del colloquio poggia su come si svolge questo serrato dialogo, e particolarmente su quanto efficaci sono le risposte del candidato. E noi diciamo che l'abilità nel rispondere alle domande è anch'essa una skill, che può essere appresa studiando e provando.

Non divagate: state sul pezzo, con risposte precise e concise. Evitate le informazioni superflue.

Siate onesti: Se da un lato ho suggerito di darvi "un po' di arie", dall'altra non esagerate, soprattutto non dite cose che non sono veritiere. Sareste probabilmente scoperti, e nel caso non lo foste, e foste assunti, come fareste a portare avanti compiti di cui non sapete nulla ?

Gettate l'amo: per esempio, se foste coinvolti in alcuni grandi successi, e l'intervistatore non vi chiede nulla in proposito, potete dargli lo spunto con una frase al termine di una risposta che incoraggi il vostro interlocutore a chiedere altro.

Preparate le risposte in anticipo: non è per nulla saggio presentarsi a un'intervista senza aver ipotizzato le domande che potrebbero esservi fatte e provato le risposte. Questo è probabilmente il più grande errore che potete fare come candidato, e molti pensano che le domande saranno solo sul contenuto del CV, ma non è quasi mai così.

Risposte a domande sulle competenze e comportamenti

L'intervista sulle competenze e comportamenti è uno strumento di crescente popolarità specialmente nelle grandi organizzazioni, e gli intervistatori vengono addestrati ad analizzare le risposte sulla base di standard. Studi hanno mostrato che è un sistema molto più accurato dell'intervista tradizionale. In questo tipo di intervista si cerca di valutare come le azioni passate possono essere usate per prevedere il comportamento futuro in situazioni analoghe. Rispondete a queste domande con specifici esempi. Ecco alcuni esempi di domande di questo tipo:

- ✓ Mi racconti di quella volta che Lei ...
- ✓ Mi faccia un esempio di una situazione in cui ...
- ✓ Mi descriva uno scenario ...

Quando preparate le risposte fate riferimento ad esempi basati su reali esperienze. Evitate si inventare o abbellire. Dovete essere sufficientemente dettagliati da mostrare che avete capito cosa vi viene richiesto, e cioè dovete dimostrare di possedere le competenze che servono all'azienda e che le avete usate in passato con efficacia.

Le vostre risposte riceveranno un punteggio e la qualità dipenderà dall'ampiezza della vostra preparazione, qui intesa come tempo passato a provare e riprovare domande e risposte prima dell'intervista. Usate ad esempio l'annuncio e ogni altro mezzo per farvi l'idea più precisa possibile delle più importanti competenze richieste.

E' molto facile vedere situazioni in cui i candidati danno lunghe risposte che ricevono un punteggio corto, perciò vi forniamo alcune altre indicazioni.

La tecnica STAR

Situation, Task, Action, Result; questo acronimo può servirvi per ricordare meglio, perciò usatelo, non gettatelo come un oggettino curioso ma inutile.

Situation, Task: iniziate con il raccontare della situazione in cui siete stati coinvolti, o del compito che avete dovuto svolgere. Questa situazione può riferirsi ad un posizione precedente, o anche ad una personale esperienza. Fornite anche un numero sufficiente di dettagli all'intervistatore per permettergli di capire le competenze che avete usato.

Action: l'azione che voi avete intrapreso e che vi ha portato dei risultati, il processo che avete seguito, e se avete lavorato in gruppo parlate dei vostri risultati, non di quelli del gruppo.

Result: questa è la parte più importante della risposta e dovete fare in modo che risulti chiaro che le azioni che avete intrapreso hanno portato a un positivo risultato. Parlate di cosa avete fatto, della leadership che avete esercitato, e di cosa avete appreso.

La tecnica PAR

Problem, Action, Result. Anche questo è un giochino di iniziali per ricordare.

Usate sempre "Io" e fate un'introduzione, un cappello direi, per la vostra risposta. Usate "Io" anche se avete lavorato in gruppo, perché l'intervistatore vuole sentirvi parlare di voi, e se usate "Noi" indebolite le vostre risposte. L'introduzione deve essere una frase semplice e potente come "Ho introdotto un sistema di gestione delle lamentele dei clienti che ha ridotto i tempi di risposta da 4 giorni a 4 ore". Naturalmente deve essere vero !

Problem: spiegate quale era il problema in due o tre frasi precise e concise, con sufficienti dettagli da far comprendere all'intervistatore qual'era la sfida che dovevate affrontare.

Action: vale quanto già detto per la tecnica STAR

Result: è la parte più importante della vostra risposta, quella che prova che le vostre azioni hanno portato risultati positivi. Se ci riuscite spigate tutto con dettagli statistici e menzionate i feedback positivi ricevuti.

Risposta con la tecnica PAR

Domanda: mi racconti di un progetto difficile che ha gestito, gli ostacoli che ha incontrato, e i risultati che ha ottenuto.

Risposta (usando "Io"): ho introdotto un sistema di monitoraggio e valutazione delle lamentele dei clienti che ha ridotto i tempi di attesa da 9 giorni a 2 giorni.

Problema: avevo visto che le lamentele dei clienti erano aumentate, e non avevamo nessun sistema per gestirle. Inoltre non le stavamo utilizzando per imparare dagli errori commessi o per implementare un sistema per migliorare. Mi sono reso conto immediatamente che il problema era molto serio e perciò dovevo occuparmene subito.

Azione: immediatamente ho messo in piedi un gruppo di lavoro con l'obiettivo di introdurre un sistema di gestione delle lamentele. Ho fatto ricorso a risorse interne per rinforzare il mio gruppo. Ho realizzato un efficace sistema di reporting per fare in modo che tutti gli interessati fossero al corrente dell'avanzamento del progetto. Tre settimane dopo l'inizio del progetto ho perso due membri del gruppo, assenti per malattia, ed eravamo molto prossimi alla scadenza del termine che ci eravamo dati. Allora ho intuito che tutto dipendeva dalla mia capacità di motivare il gruppo. Immediatamente ho identificato due sostituti e ho ridistribuito i compiti, assicurandomi giornalmente che tutti avessero chiari gli obiettivi, la scadenza, e avessero i report giornalieri. Alla fine la scadenza fu rispettata e il progetto partì alla grande.

Risultati: Ho superato tutte le difficoltà che avevo incontrato e ho consegnato un eccellente lavoro entro la scadenza e entro il budget. Con questa innovazione il mio team ha diminuito il tempo di evasione delle lamentele, portandolo a 48 ore, diminuendo anche il numero delle stesse del 35%.

Notate come l'uso di "Io" e di altre affermazioni "potenti" che sottolineano le azioni, rendono quasi scontata la conclusione, che consiste in un risultato si grande successo.

Come preparare le vostre risposte

Vi consigliamo di preparare le risposte per ogni tipo di competenza che risulta sul vostro CV. Facendo questo vi accorgerete di quante informazioni avete a disposizione, e potrete rispondere a qualsiasi domanda che riguardi il vostro CV. Rispondere a domande sule vostre competenze può essere molto motivante e sfidante, e vi aiuterà a stare sul pezzo, senza uscire dal seminato, cosa molto comune specialmente quando si è incerti sulla risposta da dare.

Tecniche di intervista

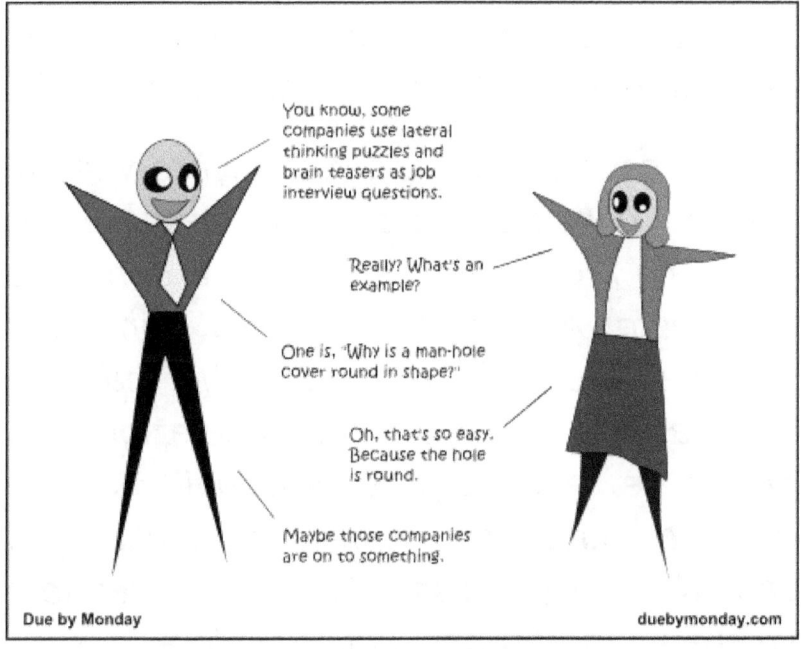

Parleremo ora di tecniche di intervista, non per farne un manuale per professionisti, ma stando dalla parte dei candidati, per far loro capire come queste funzionano. Parleremo di azioni chiave, comportamenti e atteggiamenti che possono fare la differenza fra il successo e l'insuccesso.

La conoscenza di queste tecniche aumenta certamente le vostre possibilità di successo in qualunque tipo di intervista di lavoro. Sono importanti sia per i novizi nel mercato del lavoro, sia per coloro che tentano di salire la scala della carriera.

Molti candidati pensano che l'intervista di lavoro consista solo nel passare in rassegna il CV e nel rispondere a domande su questo. A volte è così, ma il candidato che ha successo è quello che ha una precisa idea delle tecniche di selezione del personale, negli aspetti principali, non c'è bisogno che sia uno specialista. Il candidato di successo deve saper vendere se stesso mettendosi nella migliore luce.

Le aree chiave

Una chiamata per un'intervista vuol dire che si è imboccata la strada per raggiungere l'obiettivo, che è quello di essere assunto, tuttavia l'intervista a volte può essere un po' scoraggiante. La vostra strada per il successo passa per una buona preparazione. Conoscendo cosa ci aspetta e preparandosi a dovere aumenterete la vostra fiducia nel buon esito dell'intervista.

Il lavoro offerto

Che cosa comporta, e voi avete le skills per farlo bene ? Avete scritto un bel CV con tutte le qualifiche e skills esposti in bell'ordine, ma adesso avete bisogno di andare oltre, cioè di affrontare bene l'intervista. Dovreste fare delle ricerche sull'azienda che vi ha chiamato il prima possibile, per capire qualcosa della sua filosofia, come lavora, quali sono i suoi obiettivi, perché il saper queste cose vi rende più bravi nell'intervista.

Le vostre abilità: dovete convincere il datore di lavoro che avete le skills per fare un buon lavoro. Se ne avete che considerate rilevanti cercate di portarle all'attenzione dell'intervistatore. Un candidato ideale, agli occhi di un datore di lavoro, non è soltanto una persona di medio livello, ma qualcuno completo al

100%, fiducioso ed entusiasta, insomma proprio quello che stava cercando.

Presentatevi in modo brillante: Non importa chi incontrate all'intervista, è molto importante che l'approccio sia positivo e amichevole, e ciò include quando state camminando nel parcheggio fino alla reception. Dico questo perché voi non sapete chi vi sta osservando in quel momento, perciò dovete fare una buona impressione su tutti quelli che incontrate. Così fate attenzione persino quando approcciate la reception, cercate di essere affabili più che potete, perché voi non sapete ancora chi conta veramente in azienda; qualcuno può contare anche per semplice vicinanza a chi conta.

Quando arrivate: anzitutto cercate di arrivare almeno dieci minuti prima dell'orario stabilito, e credete che ci sono molte ragioni per farlo. Se arrivate qualche minuto prima avete il tempo di rilassarvi e liberarvi la mente, se c'è da compilare un form potete farlo intanto che aspettate, così da non sottrarre tempo all'intervista.

State facendo una buona impressione ? Ci sono ancora diverse cose da fare da parte vostra prima di iniziare l'intervista, per esempio spegnere il cellulare. La vostra prima impressione sul selezionatore è di vitale importanza per le vostre chance di ottenere il lavoro, perciò fate in modo che la prima impressione che lasciate sia buona. Questa è la prima delle tecniche che dovete apprendere per affrontare il selezionatore; un'altra è come vi state comportando durante l'intervista.

Più di uno scambio di parole

Le cose che direte al vostro potenziale datore di lavoro sono solo un aspetto di ciò che dovete avere bene chiaro nella mente quando vi proponete per un lavoro. Un altro aspetto, molto importante, è il cosiddetto linguaggio del corpo. Considerate che sarete giudicato sulle vostro abilità comunicative, ma anche su *tutti gli aspetti non verbali che rafforzano o indeboliscono l'impressione che fate sull'intervistatore. Il linguaggio del vostro copro la dice lunga sulle vostre attitudini e abilità. Conta come vi sedete, come sapete guardare negli occhi l' interlocutore, come vi muovete. Questi aspetti sono molto importanti, e potete controllarli meglio se li conoscete e vi preparate. Però non esagerate perché sembrereste finti. In un capitolo di questo opuscolo tratto del linguaggio del corpo prendendo spunto da un best seller di cultura anglosassone, scritto da psicologi, che esagerano quasi sempre, e a volte sfiorano il ridicolo, infatti il capitolo a cui faccio riferimento fa sorridere. Però il linguaggio del corpo è molto importante; pensateci bene e preparatevi. Dovete essere consapevoli dei messaggi che state mandando con il linguaggio del vostro corpo !*

Voi dovreste entrare nella stanza delle interviste con sicurezza, approcciare il vostro interlocutore con fiducia e con una buona stressa di mano, sedere eretti,e sporgervi u po' avanti quando vi vengono poste domande o comunque l'intervistatore vi racconta qualche cosa. In questo modo dimostrate interesse e coinvolgimento. Vi dico anche che se l'interesse è reale il coinvolgimento viene da solo, e vi sporgerete in avanti anche troppo, dimostrando che non ne potete più di essere assunto !

Quindi siate voi stessi e controllatevi un po' tenendo ben presenti questi suggerimenti.

Dimostrate di essere interessati

Un'altra tecnica vincente che potete usare nella vostra intervita di selezione è quella di fare domande. Assicuratevi di avere una lista pronta di domande e fatene buon uso. Il non avere domande da fare non è per nulla professionale e inoltre lascia perplesso il vostro intervistatore, perché sembra quasi che non avete particolare interesse per il lavoro offerto.

Perciò preparate una bella lista di domande e fatel al vostro interlocutore.

Atteggiamento positivo

Un'intervista può essere un evento motlo stressante, specialmente se avete fatto molte interviste e non le avete mai superate. Anche se fosse così è molto importante andare all'intervista ben carichi e motivati, perché in caso contrario potete scommettere che sarete "scartati" un'altra volta. Questa carica e questa motivazione vi deve sostenere sia nella fase di preparazione che nell'intervista vera e propria.

Fate domande

Solitamente viene data ai candidati possibilità di fare domande al termine dell'intervista. Se ciò avviene voi prendete la lista delle domande che avete prudentemente preparato e cominciate a porle. Va da se che se non vi viene dato spazio per porre domande lo chiederete voi. Evitate, in questa fase, di fare *domande sullo stipendio, ci sarà tempoi più avanti*

Piccole cose che possono fare la differenza

Spesso sono I dettagli, le piccolo cose, che fanno una grande differenza. Voi potreste anche essere il miglior candidato sul mercato, ma se non uscite alla grande dall'intervista mettendo in atto tutte le tecniche che vi sto suggerendo, non andrete molto lontano, anche se avete dalla vostra parte una vasta esperienza. Perciò dalla prossima intervista mettetevi bene in mente che dovete prepararvi fino a quando le risposte vi sgorgheranno dalla gola con naturalezza e vivacità. Questo è ciò che può fare la differenza, e che può lanciarvi velocemente verso il posto di lavoro che volevate.

Assessment center

Assessment center: studiatelo!

E' molto probabile che nel corso della vostra carriera veniate chiamati a partecipare a un assessment center. Se non conoscete come si svolge potete rischiare di essere scartati, e quindi vale la pena parlarne e riflettere sul lavoro preparatorio da fare. Vi darò alcuni importanti suggerimenti e diversi "piccoli suggerimenti" per affrontarlo al meglio.

E' considerato uno degli strumenti che consentono una selezione molto accurata, per esempio di giovani con potenziale. L'assessment include esercizi di role paying, test, interviste, tutto finalizzato a capire se voi siete la persona giusta per il posto vacante.

Tipicamente un assessment center è gestito dagli specialisti del reparto risorse umane, e può durare da due ore a due giorni, e a volte sostituisce anche la prima intervista. Ma dove si fa normalmente l'assessment center ? In genere presso una sala dell'azienda appositamente predisposta, o presso gli uffici dei consulenti incaricati della selezione, o presso un albergo. L'uso della sala di un albergo, in genere abbastanza di prestigio, non è "strano", perché in un hotel non si viene disturbati e si hanno a disposizione molti servizi per l'accoglienza *dei candidati. A mio avviso è però preferibile l'azienda, in modo tale che i candidati respirino subito un po' d'aria e di "valori" aziendali, magari solo nel vedere la location.*

L'assessment center permette ai selezionatori di valutare tutti gli aspetti dei candidati come le qualifiche, le skill, gli studi, l'esperienza, avendo a disposizione un periodo di tempo in genere molto più lungo di quello di una semplice intervista. Di conseguenza si vede molto chiaramente cosa i potenziali dipendenti possono dare in diversi scenari di lavoro simulati.

Tutti i datori di lavoro possono utilizzare l'assessment center per valutare il meglio possibile i potenziali futuri dipendenti. Tuttavia è più facile farlo per le grandi organizzazioni che non per le piccole, a causa degli elevati costi. Le piccole organizzazioni inoltre tendono a essere molto pragmatiche nella selezione, basando le decisioni sull'intuito, o sulle opinioni, dei manager che hanno in carico la selezione dei candidati.

Piccoli "grandi" suggerimenti

Anche se non siete mai stati chiamati a partecipare a un assessment, né avete la prospettiva di essere chiamati a breve, vi consiglio di prepararvi per questo evento, che può accadere, specialmente se avete fatto un invio abbastanza massivo del vostro CV.

Cominciamo a vedere quali sono i vantaggi per il datore di lavoro, se ha deciso di usare l'assessment come metodo principale di selezione, almeno per figure professionali di livello operativo.

Anzitutto è la situazione ideale per valutare come i candidati si comportano in una situazione di gruppo, e possono anche essere testati in realistiche situazioni o esercitazioni correlate al lavoro. Spesso è usato dalle aziende per selezionare grandi numeri di candidati in modo preciso e veloce.

I costi di un assessment center possono variare in funzione della durata del medesimo, del numero di selezionatori disponibili, e della numerosità e difficoltà delle prove di selezione. Tuttavia molte aziende sono disposte a spendere per usare questo strumento, a causa della grande affidabilità che lo strumento ha dimostrato di possedere.

L'assessment e l'intervista tradizionale

Molti studi sono stati portati avanti da specialisti psicologi del lavoro sui differenti metodi usati nella selezione del personale e sulla loro efficacia. Questi studi hanno dimostrato, ad esempio, come l'intervista tradizionale sia uno strumento predittivo dei futuri comportamenti sul lavoro piuttosto povero e inefficace.

I candidati per esempio possono bluffare più o meno facilmente e ingannare il selezionatore. Ciò può portare ad un'assunzione sbagliata e magari a scartare candidati più qualificati. Invece quando un datore di lavoro si trova di fronte a un candidato proveniente da un assessment center può essere sicuro che è stato valutato sotto diversi aspetti da diversi valutatori. Infatti i candidati passano attraverso diverse prove e test che simulano situazioni reali di vita lavorativa, e questo comporta che è abbastanza facile per i valutatori scegliere il candidato migliore.

I valutatori sono anche in grado di determinare quali sono i punti forti e i punti deboli dei candidati, attraverso la valutazione di certi comportamenti e capacità, determinati a priori in quanto utili per l'organizzazione e per la specifica posizione.

Esercizi tipici in un assessment

Esiste un ampio numero di test ed esercitazioni a cui potreste essere sottoposti in un assessment. Proviamo a fare un elenco di alcuni strumenti che potreste incontrare:

- ✓ Test attitudinali
- ✓ Test di personalità
- ✓ Discussioni di gruppo
- ✓ Casi pratici
- ✓ Interpretazione di ruoli
- ✓ Presentazioni
- ✓ Esercitazioni pratiche
- ✓ Esercitazioni scritte

Le esercitazioni pratiche o scritte che possono essere proposte variano in funzione della tipologia di candidati, del settore di business, e possono prevedere anche un'intervista faccia a faccia. E' molto probabile che prima o poi parteciperete a selezioni in situazioni di gruppo, dove alcuni valutatori daranno dei punteggi alla vostra prestazione.

Il ruolo dei valutatori

I valutatori sono spesso rappresentanti della direzione delle risorse umane, e in aggiunta a questi spesso troviamo il responsabile delle assunzioni, che deve prendere la decisione finale. I valutatori sono addestrati a essere il più obiettivi possibile, e devono osservare attentamente i comportamenti e le reazioni dei partecipanti durante le esercitazioni. Alla fine attribuiranno un punteggio ai candidati rispetto alle competenze che hanno il compito di valutare, che possono essere competenze relazionali, di leadership, comunicative, e la capacità di lavorare in gruppo.

Assessment – vantaggi per i candidati

Voi avete la (quasi) certezza che riceverete una valutazione oggettiva, data la presenza di diversi valutatori; avete anche l'opportunità di incontrare altri candidati, e forse la possibilità di incontrare i dirigenti dell'azienda per cui state partecipando alla selezione. Tutto ciò vi offre uno spaccato dell'azienda e delle persone con le quali è possibile che andrete a lavorare. Costituisce una grande opportunità per imparare molte cose sul business e su come è valutata la vostra posizione in questa organizzazioni, cosa che vi potrà essere molto utile nel caso di ulteriori partecipazioni a situazioni di assessment.

Prepararsi è essenziale e il consiglio è di leggere tutte le informazioni disponibili dal sito del datore d lavoro o reperibili da ogni altra fonte accessibile. Potete prepararvi anche sulla maggior parte dei test psicometrici e attitudinali, usando materiale che potete trovare in libreria o su internet. Questi test, anche se non sono forse la stessa cosa, vi danno comunque una buona idea di ciò che potreste trovarvi di fronte.

Suggerimenti conclusivi

Si tratta di piccoli suggerimenti, ma ricordate che ogni piccolo dettaglio può fare la differenza.

Preparatevi: è molto importante che vi preparate per dare il meglio di voi stessi.

Comportatevi in modo adeguato: la cosa migliore è di cercare di comportarvi come se foste già dipendenti dell'azienda.

Vestitevi adeguatamente: anche se sapete che l'azienda consente il casual, vestitevi con un abito classico. Il casual è ammesso solo se concorrete per una posizione "creativa".

Salutate cordialmente: guardate il vostro interlocutore direttamente negli occhi e porgetegli una stretta di mano ferma e decisa, ma con gentilezza e cortesia.

Presentatevi: è molto importante che i rappresentanti dell'azienda vi vedano come un abile giocatore nel gruppo, e potete fare ciò facendo il primo passo per auto presentarvi ai valutatori e agli altri candidati.

State in guardia: ricordate che siete sempre sotto osservazione, sia che siate sottoposti a prove o no.

Leggete le istruzioni: state attenti ad ogni informazione che vi viene data durante il processo di assessment.

Dovete essere motivati: può darsi che alcuni test vi risulteranno particolarmente difficili, ma non dovete scoraggiarvi. Dovete cercare di rimanere motivati durante tutto il percorso e attenti a ogni singolo compito.

Spesso i candidati diventano nervosi quando pensano agli errori che potrebbero aver commesso in un particolare test. Tuttavia è importante tenere in mente che verranno erogati diversi test ed esercitazioni, e che c'è sempre un'opportunità di eccellere durante il programma di assessment.

Ricordate che sarete valutati in base a standard predefiniti, e non in base a come gli altri candidati stanno facendo le loro prove. Perciò state sul pezzo, motivati, e ricordate questi suggerimenti, per avere un assessment center di successo.

Sei tipi di domande

Le domande in un'intervista possono prendere molte forme. Vi possono essere domande aperte che realmente vi invitano a parlare e l'intervistatore vi ascolta e vi scruta all'interno per verificare le vostre attitudini, processi del pensiero, e capacità comunicative. Domande sulle competenze e sui comportamenti stanno ora diventando la norma. Tuttavia molti selezionatori sono ancora favorevoli alla tradizionale intervista con domande del tipo "mi parli di lei" e "perché dovremmo assumerla ?" Ecco sei differenti tipi di domande che sono comunemente usate.

Domande sulle competenze e comportamenti

Sono domande molto usate dagli intervistatori e sono indirizzate a scoprire se avete le competenze per ricoprire il ruolo. Sono strutturate in modo tale che voi dovete rispondere dando esempi di situazioni dove avete usato queste competenze con successo. Un esempio può essere "mi racconti una situazione in cui ..."

Ha lo scopo di verificare se le competenze possedute dai candidati incrociano quelle della specifica posizione che dobbiamo ricoprire. Il concetto centrale è che a ciascun partecipante vanno poste le medesime domande allo scopo di determinare quanto la persona che abbiamo di fronte è competente o meno.

Vi è mai stata posta una domanda di tipo comportamentale ? Forse si, ma non vi siete resi conto. E' un tipo di domanda a cui per molte persone la risposta è difficile. La chiave è fornire un forte esempio usando la struttura corretta.

Domande tradizionali

Sono domande che probabilmente avete incontrato molto spesso come "*quali sono I suoi punti di forza ?*", "*quali sono i suoi punti deboli ?*", "*che cosa apporterà nel ruolo ?*". Esse sono tutt'ora molto usate e vi consiglio di allenarvi a rispondere adeguatamente.

Domande tecniche

Queste sono domande molto dirette. Il loro scopo è di capire quanto siete preparati tecnicamente, e possono essere riferite a sistemi, software, macchinari, conoscenze. Il possesso di queste competenze viene di solito testato al di fuori dell'intervista di selezione, tuttavia a volte vengono fatte domande intese a testare quanto aggiornata è la vostra competenza tecnica. Per esempio "qual è la sua conoscenza del GAAP reporting ?", "Può farmi un riassunto del libro quinto della Costituzione ?", " quali sono i vantaggi di Sql rispetto ad Access nello sviluppo di un data base ?"

Domande aperte

Fare domande aperte è il modo più efficace per incoraggiare i candidati a parlare di sé. Naturalmente per voi che siete candidati c'è un rovescio della medaglia, che è quello che puoi dare anche troppe anche troppe informazioni e ti lasci sfuggire qualche errore o qualche punto debole che avresti preferito tenere per te. Domande come "mi parli di lei", "mi parli della sua carriera fino ad oggi", "come descriverebbe se stesso ?" sono tutte molto aperte, e possono sembrare semplici, mentre sono molto complicate e dovete fare molta attenzione nel rispondere.

Domande ipotetiche

Queste domande mettono alla prova la costra abilità nel pensare velocemente e sotto pressione. Per esempio una domanda di questo tipo potrebbe essere "immagini di gestire un dipendente che arriva continua,ente in ritardo al lavoro, come affronterebbe la situazione ?" Voi dovreste dare una risposta corretta sia tecnicamente, secondo il diritto del lavoro, che dal punto di vista gestionale, oltre che chiara dal punto di vista comunicativo.

Domande sul CV

Naturalmente dovreste aspettarvi anche domande sul precedente lavoro, sull'esperienza e sulla vostra formazione. In effetti ogni riga del vostro CV offre lo spunto per domande aperte. Per prepararvi suggeriamo di rivedere il vostro CV, anche se vi sembra di conoscerlo bene, esaminando e provando a parlare ad alta voce di ciascuna delle vostre precedenti esperienze, progetti e successi, sottolineando ciò che avete fatto e ciò che avete imparato.

Esempi di domande

Se vi preparate per l'intervista performerete certamente meglio nel giorno del colloquio, perché acquisterete fiducia, e ciò vi consentirà di rispondere alle domande con competenza e accuratezza, e potrete presentarvi con il massimo effetto. Naturalmente voi non conoscerete le domande precise che vi verranno poste, ma potrete coprire le varie aree e i punti importanti perché conoscete le insidie che possono essere nascoste. Come test ecco alcune domande molto comuni; date un occhio ed esercitatevi a rispondere.

Domande sul nuovo lavoro

- ✓ Perché desidera questo lavoro ?
- ✓ Perché desidera lavorare per la nostra azienda ?
- ✓ Quali qualità le sembrano necessarie per questo lavoro ?
- ✓ Dato che non ha mai fatto questo lavoro prima d'ora come pensa di riuscire ?
- ✓ Che cosa conosce della nostra azienda ?
- ✓ E' ambizioso ?
- ✓ Le piace viaggiare ?
- ✓ E' disposto a trasferirsi ?
- ✓ Che livello di stipendio sta cercando ?
- ✓ Quale tipo di software conosce ?

Domande sul lavoro precedente

- ✓ Pensa di avere fatto bene nel precedente lavoro ?
- ✓ Pena di avere avuto buone relazioni con il suo capo e i suoi collaboratori ?
- ✓ Che genere di problemi ha dovuto affrontare ?
- ✓ Che cosa le piaceva di meno ?

- ✓ Che contributo concreto ha dato in termini di vendite, profitti, riduzione costi ?
- ✓ Pensa che il nuovo lavoro sia simile al precedente ?
- ✓ Che cosa pensa dell'azienda per cui ha lavorato ?
- ✓ Per quali ragioni pensa di lasciare la sua azienda ?
- ✓ Pensa di aver avuto uno sviluppo soddisfacente nel precedente lavoro ?

Domande sulle competenze e comportamenti

- ✓ Mi racconti un episodio di successo con un cliente difficile
- ✓ Mi faccia un esempio della sua abilità nel risolvere problemi
- ✓ Mi descriva una decisione difficile che ha preso recentemente

Domande sulla carriera

- ✓ Perché ha scelto la carriera nel settore ...

- ✓ Quali sono i suoi obiettivi di carriera sia di breve che di lungo termine
- ✓ Preferisce lavorare in gruppo o da solo ?
- ✓ Da quanto tempo sta cercando un nuovo lavoro ?
- ✓ Prende in considerazione anche altre posizioni ?
- ✓ Quante volte è stato a casa ammalato nell'ultimo anno ?

Consigli pratici

Una lettura leggera

Ecco un elenco di cose curiose che riguardano i colloqui di selezione:

il candidato ha portato con sé il libro "Come sostenere il colloquio di lavoro";

il candidato ha chiesto "qual è l'azienda questa volta?";

il candidato, durante un colloquio telefonico, ha messo in attesa il recruiter;

il candidato ha elencato la puntualità come suo punto di forza dopo esserci presentato al colloquio con dieci minuti di ritardo;

sulla strada per arrivare al colloquio, il candidato ha superato e mandato a quel paese il conducente di una macchina. Era quella del recruiter!;

il candidato parlava di sé in terza persona;

il candidato si è sfilato le scarpe da sotto il tavolo durante il colloquio;

> *il candidato ha chiesto un sorso del caffè del recruiter.*

Ecco numerosi consigli seri e semi seri da utilizzare per affrontare il colloquio di selezione. Primo fra tutti: nella selezione del personale lavorano professionisti di elevato spessore, ma anche persone che sembrano capitate lì per caso. Vi potrà capitare di avere la netta sensazione di saperne di più del selezionatore. Il consiglio è: portate pazienza e proseguite nel colloquio. Ciò succede perché spesso la selezione è affidata a giovani alle prime armi o addirittura a stagisti. Il selezionatore che vi trovate di fronte è un buon indizio della serietà dell'organizzazione per cui vi candidate.

La sicurezza

"The only job open is that of 'human cannonball'...lousy pay, but frequent flyer miles."

E' realmente un argomento al quale pensare quando si tratta della ricerca di un lavoro ? Probabilmente si. Generalmente le *interviste avvengono, secondo la situazione, presso gli uffici dell'azienda o delle società di ricerca e selezione. Tuttavia a volte le interviste avvengono anche in posti meno tradizionali, perciò prendete le dovute precauzioni per distinguere i contesti seri da quelli equivoci.*

Location

Qualora un datore di lavoro programmi un'intervista con voi assicuratevi che ciò avvenga in contesti appropriati. La hall di un albergo può andare bene (può essere usata per mantenere la riservatezza sull'incontro) ma una singola stanza d'hotel no. Anche i ristoranti possono essere accettabili, ma evitate il bar. Se un datore di lavoro vi chiede di intervistarvi in un parcheggio naturalmente diffidate.

Case private: Una casa privata è un luogo discutibile per un'intervista a meno che non ci lavorino altri dipendenti. A volte le piccole imprese lavorano in questo modo. In ogni caso il datore di lavoro può sempre organizzarsi per un'intervista in un luogo più adatto. Identità del datore di lavoro: Se non siete del tutto sicuri dell'identità di un datore di lavoro o dell'intervistatore chiedete un biglietto da visita. Esaminatelo attentamente. Una persona può vantare rapporti con aziende molto note ma in realtà non lavorare per queste organizzazioni. La persona in questione potrebbe avere relazioni d'affari con queste organizzazioni. In ogni caso se avete dubbi trovate il modo di approfondire.

Alcool

Se un datore di lavoro o un intervistatore vi incoraggia a bere chiedetevi perché. Vuole realmente mettervi a vostro agio ? Durante un'intervista di solito questo non si fa. E' perciò perfettamente appropriato rifiutare cortesemente. Se scegliete di accettare un drink, accettatene uno solo. E' più comprensibile accettare un drink durante un pranzo di lavoro o un evento. Perché tutto questo è un problema ? Un datore di lavoro o un intervistatore ha un ruolo di maggior potere di quello che avete voi come candidato. Un intervistatore non dovrebbe mai approfittare di ciò, fare avances sessuali, stabilire un tipo di relazione o attività non professionale. Vi è un rischio maggiore, e l'evidenza di scarsa professionalità da parte del datore di lavoro o intervistatore, quando vi incontra da soli e in posti non pubblici o comunque strettamente professionali, come stanze di alberghi o bar.

Gestire le situazioni di disagio

Un datore di lavoro o un intervistatore non dovrebbe mai mettervi in simili situazioni, e voi non dovreste esitare a dire: "Non mi sento a mio agio in quella location". Se il datore di lavoro o intervistatore insiste o si mostra contrariato, pensate bene se realmente vale la pena di lavorare per questo tipo di azienda. E' perfetto dire: "Grazie ma non mi interessa questo tipo di proposta di *intervista"*. *Che cosa fare se vi succede qualcosa di sconveniente:* Se vi trovate in una situazione difficile o confusa con un datore di lavoro o intervistatore, o siete convinti che il loro comportamento è sconveniente considerate anche di fare una denuncia agli organi di controllo sul mercato del lavoro.

Abbigliamento

In un'intervista il vostro abbigliamento gioca un ruolo di supporto. Il vostro comportamento, le vostre capacità relazionali, la vostra abilità di articolare risposte chiare e intelligenti alle domande sono gli elementi più importanti. Un abbigliamento appropriato supporta la vostra immagine di persona che affronta seriamente il processo di selezione e che comprende la natura dell'azienda per cui si sta candidando. Dovete essere consapevoli che in alcune aziende il contatto con il cliente e l'immagine presentata in questi contatti sono critiche.

In queste aziende il vostro modo di vestire sarà giudicato più criticamente. Il vostro abbigliamento potrebbe essere, dal vostro punto di vista, appropriato e di buon gusto, ma non essere coerente con la cultura aziendale.

Se vi vengono fatte domande sul vostro abbigliamento è perché probabilmente avete commesso un errore di giudizio. Vestire bene è una sorta di complimento alla persona che incontrate, perciò nel dubbio vestitevi ancora meglio di quanto vi sembra di avere bisogno. Anche nel caso in cui siete a conoscenza che nell'organizzazione ci si veste casual vestitevi in modo formale per l'intervista a meno che non vi venga suggerito il contrario. Non confondete mai un'intervista con un evento sociale, non vestitevi come per un party ! non tutti i colloqui richiedono un abbigliamento formale. In alcune situazioni il casual può essere indicato.

I cambi nella moda possono cambiare alcune cose, come la larghezza del bavero, il taglio dei pantaloni, o il colore delle camicie che trovate nei negozi. L'abbigliamento professionale di base non cambia secondo i capricci della moda. Un buon vestito può essere di moda per almeno 5 anni e continuare a farvi fare bella figura. In generale, se amate seguire la moda, fatelo con sobrietà.

Business casual per uomini e donne

Se avete la certezza che l'azienda è informale potete vestire casual, o meglio business casual. Business casual è fresco, pulito, e può essere adatto anche per un incontro con l'amministratore delegato. Non dovrebbe sembrare un abbigliamento per una festa o un picnic. Evitate indumenti stretti o larghi all'eccesso. Business casual è classico piuttosto che alla moda. Investite in qualità e usate il buon senso.

✓ Tu: l'intervistatore sta cercando di capire i principali obiettivi di carriera e le *ambizioni, piuttosto che una descrizione dettagliata. L'intervistatore vuole capire i tuoi processi di pensiero e i criteri che sono importanti per te.*

✓ *Intervistatore: perché dovrei assumerla ?*

✓ *Tu: metti l'accento su quello che puoi offrire all'azienda, non su come sarebbe bello lavorare per loro.*

✓ *Intervistatore: quali sono le sue idee sullo stipendio ?*

✓ *Tu: fai il possibile per fare delle ricerche sugli stipendi del settore, prima dell'intervista, in modo da non fare richieste disallineate, e tieni in considerazione il tuo stipendio attuale.*

✓ *Intervistatore: perché vuole lavorare per la nostra organizzazione ?*

✓ *Tu: non avere una risposta è un buon modo per essere cancellati dalla lista dei candidati. Fai una ricerca sull'azienda prima dell'intervista, cerca di scoprire i prodotti, i clienti, la filosofia, la cultura, gli obiettivi, in modo da capire dove si concentra il tuo interesse.*

Cercare le aziende, come e perché

"You'll have to look harder than that to find a job, son."

Per riuscire a vendervi come candidato dovete convincere il datore di lavoro che siete la persona giusta per i suoi bisogni. Perfino quando il mercato del lavoro è favorevole i datori di lavoro non assumono un candidato che non incontra perfettamente i suoi bisogni.

Non sarete in grado di presentarvi, nelle lettere di accompagnamento CV o nelle interviste, come un candidato che incontra i bisogni del datore di lavoro se non lo conoscete abbastanza bene, o il meglio possibile.

Se state cercando una posizione di lavoro raccogliete informazioni per decidere quali datori di lavoro contattare. Piuttosto che spedire centinaia di CV a datori di lavoro di cui conoscete poco o nulla mandate pochi CV a datori di lavoro di cui conoscete qualcosa.

Lettere mirate, individualizzate sul destinatario, sono più efficaci di lettere standard. Nell'intervista i datori di lavoro si aspettano che conosciate il background dell'organizzazione.

Se non sapete nulla sembra che non avete un grande interesse per l'organizzazione. Dovete essere in grado di rispondere alla domanda critica sul perché desiderate lavorare per quell'organizzazione.

Altrimenti sembra che avete soltanto il bisogno di un lavoro. Fare delle ricerche vi aiuterà a formulare domande intelligenti e a dare risposte altrettanto intelligenti.

Cercare un datore di lavoro specifico

Parlate con la gente: Trovate persone che lavorano per l'organizzazione o che comunque la conoscono. Questi possono essere ex colleghi, parenti, vicini di casa, amici e parenti di amici, ex compagni di università. Siti web delle aziende: Questo è un gioco da ragazzi ! ricercate le cose importanti, informazioni sulla mission, cultura e valori.

Se l'azienda richiede la compilazione di un form on line fatelo. Ricerche internet: Attenzione alle fonti di informazioni, verificatene la credibilità. Chiamate l'organizzazione o scrivete solo dopo aver cercato altrove.

Ciò è perfettamente appropriato e potete farlo se non è possibile trovare le informazioni sul sito web, o le informazioni non sono chiare. Se avete già un* appuntamento per un'intervista dovreste aver già reperito le informazioni che vi servono. Se non è così trovate il modo di farlo, con ogni mezzo.

State attenti, se mandate una mail con una domanda la cui risposta si può trovare facilmente on line verrete percepiti come una persona pigra o scarsamente intelligente. Come potenziale dipendente dovete essere percepito come una persona che lavora, non che crea lavoro agli altri, come avviene se fate domande stupide.

Domande da fare alle aziende

Un'intervista è una strada a due corsie. Fate domande. L'intervistatore dovrebbe lasciarvi spazio per le domande verso la fine dell'intervista. Suggerimenti: Preparate sempre le domande da fare. Se non avete domande da fare passate il messaggio che non avete un adeguato processo del pensiero. Alcune delle vostre domande potrebbero trovare risposta nel corso dell'intervista, prima ancora che vi sia offerta l'opportunità di chiedere.

Se fosse così potete semplicemente dire che siete particolarmente interessati a ... , ma che la vostra domanda ha già trovato risposta nel corso dell'intervista. Se è il caso potete chiedere ulteriori chiarimenti. Non fate domande che già trovano risposta sul sito web dell'azienda o in qualunque documento (leaflet, brochure) che vi è stato fornito in precedenza.

Ciò non farebbe altro che dimostrare che non siete preparato per l'intervista, e che state facendo perdere del tempo all'intervistatore. Non chiedete mai dello stipendio e benefit se non siete indirizzati a farlo dall'intervistatore.

Esempi di domande

Se siete in difficoltà a sviluppare delle domande considerate i seguenti esempi. Tuttavia non fate domande se non siete realmente interessati alla risposta. Usate la regola d'oro di evitare le forzature.

Quali sono i punti di forza e di debolezza dell'impresa rispetto alla concorrenza ? Quali sono i piani dell'organizzazione per i prossimi cinque anni, e come vi contribuisce questa posizione che state cercando ? Mi può spiegare la struttura organizzativa ? Come saranno misurate le mie performances e da chi ? Mi può descrivere lo stile di leadership e di management richiesto dall'azienda ? Quali sono le capacità e abilità più importanti per coprire la posizione che state cercando ? Quali sono le politiche aziendali in materia di formazione, finalizzata a completare o acquisire le competenze necessarie ? Mi può descrivere le strutture hardware e software dell'azienda ? Che tipo di lavoro mi devo aspettare di svolgere il primo anno ? Come vengono gestiti i piani di carriera ? Quante opportunità di prendere decisioni avrò nel mio primo incarico ?

Domande sulla retribuzione

Una lettura leggera

Un neolaureato compila il questionario di candidatura per una azienda. Alla

> domanda "stipendio richiesto" risponde "sì se non è chiedere troppo".

Non dovete essere colti di sorpresa ! Può capitare che un intervistatore vi faccia domande sulle vostre aspettative di stipendio. Questo è normale per persone di esperienza e con una storia professionale alle spalle.

E' perfettamente accettabile dire che lo stipendio è negoziabile, in ogni caso potete suggerire un range.

Fate le vostre indagini retributive prima del colloquio e dite al selezionatore la fonte di informazioni che avete usato.

Questo supporterà le vostre richieste con dati oggettivi, e non solamente con sentito dire. Se fate richieste molto superiori alla media spiegatele.

Il linguaggio del corpo

Questa parte è una libera traduzione di un best seller di cultura anglosassone molto divertente, anzi a volte fa proprio "morire" dal ridere. Il guaio è che alcune persone, specialmente psicologi, ci credono sul serio. Comunque qualcosa di veritiero vi si può riscontrare, ma se ci pensate bene queste cose che vi appaiono veritiere sono anche le più banali; ci sareste arrivati anche solo chiedendo un consiglio alla vostra buona nonnina.

L'intervista di Adam

Adam lasciò l'intervistatore sospettando che fosse andata male. Aveva detto qualcosa di sbagliato ? O era forse per il suo vestito color cioccolata? Era per il pizzetto ? Il tatuaggio ? L'orecchino ? Era per la sua borsa strapiena di roba che traboccava da tutte le parti ? O semplicemente si era seduto sulla sedia sbagliata ?

La prima impressione è quella che conta

Numerosi studi hanno dimostrato che esiste una forte correlazione tra il feeling che nasce o meno tra l'intervistato e l'intervistatore, e l'essere assunto. (Fantastica scoperta; non c'era bisogno di fare molti studi, bastava chiedere in giro ... parlare con qualcuno nel mercato sotto casa per capire che il fruttivendolo non ti fa lo sconto se gli sei antipatico).

Alla fine la maggior parte delle informazioni scritte nel tuo fantastico curriculum vengono dimenticate, a favore delle informazioni che derivano dalla prima impressione.

La prima impressione è "l'amore a prima vista" del mondo del business. Inoltre le ricerche dimostrano che i primi 15 secondi di un'intervista sono fondamentali, in generale le persone si formano più del 90% della loro opinione su di te nei primi 4 minuti, e il 60-80% dell'impatto è non verbale.

Continuiamo: Il tuo approccio, la tua stretta di mano, e tutto il linguaggio del tuo corpo deciderà in larga parte l'esito della tua intervista. Ricorda ! Se vuoi essere il primo fra i candidati di "mettere al primo posto la prima impressione".

Pochi gesti e arriva il successo

Pochi gesti e l'intervista sarà un successo. Gli individui di stato sociale elevato usano una minore gestualità di quelli di basso stato sociale. le persone di potere non hanno bisogno di gesticolare molto, sono fresche, calme, riservate, hanno il controllo delle loro emozioni, e usano movimenti compassati. Perciò se vuoi fare una buona impressione usa con parsimonia i movimenti del corpo.

Non fare mai

1. Non presentarti con una borsa strapiena: Sembreresti disorganizzato.
2. Non sederti mai su un divano troppo basso: Ti farebbe sembrare sproporzionato, gambe gigantesche su una testa piccola; se necessario siediti dritto sul bordo in modo da poter controllare il tuo linguaggio del corpo.

3. *Evita di parlare troppo a lungo:* Le persone di stato sociale elevato comunicano efficacemente con frasi

Fare sempre

1. *Vai verso l'intervistatore con fiducia:* La tua entrata la dice lunga su come vuoi essere trattato.
2. *Non sostare all'ingresso* come un bambino piagnucolante che aspetta il permesso del papà. Anche se il tuo intervistatore è al telefono tu entra, vai verso di lui, deposita la tua borsa e il tuo laptop, stringi la mano, siediti e aspetta. Deposita anche l' i-pad, facendo attenzione a che l'intervistatore veda chiaramente che ne possiedi uno di ultima generazione.
3. *Chiama l'intervistatore per nome* ogni volta che ne hai l'occasione, questo serve per far sentire importante il vostro intervistatore e per ricordare il nome.
4. *Usa parole potenti,* specialmente in un'intervista telefonica. Le ricerche

dimostrano che le parole più potenti sono "scoperta", "garantire", "amore", "salute", "denaro", "facile".

Pianifica la tua uscita

Raduna le tue cose con calma, senza frenesia, stringi la mano e vai. Se la porta era chiusa quando sei entrato chiudila quando esci. Se sei una donna ricorda sempre di sorridere all'intervistatore.

Conclusioni

In questa parte ho voluto sorridere un po' prendendo un po' in giro chi crede troppo a queste amenità. Però è vero che noi ci facciamo un'idea delle persone da come ci guardano, da come parlano, da come ci sorridono, dalla stretta di mano, da come si siedono, tutto vero. Ma queste cose sono intuitive, non c'è bisogno di studiarle troppo seriamente su un libro. E' molto più importante sapere come si svolge un'intervista, sapere come rispondere, prepararsi. Ecco, prepararsi *bene, studiare bene la lezione per poterla ripetere con orgogliosa sicurezza, e il lavoro che desideriamo sarà nostro !*

Il processo di selezione

Una lettura leggera

Stato di famiglia: padre, madre, fratello inferiore.

Per le mamme siamo sempre bambini; ho due bambini piccoli di 12 e 18 anni.

Mi sono separato, poi divorziato, poi risposato poi ancora separato, adesso non ci casco più.

Se prima eravamo in due, adesso col bambino siamo in tre

Ho sposato un'ereditiera che però non ha mai ereditato

Di salute sto più che bene, e posso migliorare dopo quattro piccoli interventi chirurgici

Qui ora c'e la parte piu appetitosa del mio curriculum...

Ritengo di essere di natura contabile...

Come potete vedere il mio è un curriculum variopinto

Questa parte è vista dal lato dell'azienda, ma siccome l'opuscolo è rivolto ai candidati, è evidente che ciascuno di voi può farne buon uso comprendendo come sono impostati i processi.

Dunque: Il processo di assunzione è un processo a più fasi, e ogni fase è importante per la buona conclusione della selezione. Molto importanti sono le fasi iniziali del processo e bisogna stare attenti a non fare passi falsi. Nessun passo falso può fare più danni che quello di non aver preso abbastanza tempo all'inizio per formarvi una chiara comprensione delle vostre esigenze di personale.

In questo capitolo, esaminiamo le fasi critiche del processo di assunzione. Quando assumo intendo trovare le persone migliori per ricoprire le posizioni vacanti, cioè inserire nelle posizioni vacanti persone con le competenze giuste per lo sviluppo

del business. Per assumere le persone giuste pertanto dovete pensare:
- ✓ Quali sono i compiti e le responsabilità che servono all'impresa, per migliorare la sua capacità di competere;
- ✓ Determinare quali competenze e capacità sono necessarie per ottenere prestazioni eccellenti in ogni specifica funzione;
- ✓ Quali sono i valori che contraddistinguono l'impresa, in modo da ricercarli nelle persone da assumere;
- ✓ Di impostare il colloquio di selezione come solo uno degli elementi del processo che porterà alla scelta del candidato giusto;
- ✓ Di considerare di avere un mix corretto di lavoratori a tempo pieno e temporanei, per soddisfare le esigenze dei carichi di lavoro variabili.

Costruire una strategia

È vero che l'impostazione della strategia della tua azienda è in primo luogo responsabilità del senior management e non una funzione delle risorse umane, ma è necessario che tu conosca bene le priorità generali della tua azienda per determinare le loro implicazioni sul personale.

E' molto importante fare in modo che ogni decisione sulle risorse umane sia coerente con le priorità di business.

Ricorda che tu non stai semplicemente riempiendo posti di lavoro vacanti, ma stai cercando sempre di portare alla tua azienda le competenze e gli attributi necessari per essere pronti a qualsiasi sfida.

Per fare ciò devi guardare al di là delle esigenze puramente funzionali delle varie posizioni nella tua società, e concentrarti invece su quali sono le competenze nelle quali i dipendenti devono lavorare in modo eccellente.

Punti importanti del processo

Parlando di persone giuste al posto giusto queste sono le cose che il responsabile delle risorse umane deve fare per portare avanti il processo:
- ✓ Lavorare con dirigenti e manager di linea per individuare le esigenze di personale;
- ✓ Pensare a strategie di sviluppo delle risorse umane che rispondano alle esigenze di breve termine ed esigenze strategiche a lungo termine;
- ✓ Supervisionare il processo di reclutamento e dei suoi numerosi attori, tra cui i manager di linea;
- ✓ Aiutare i manager di linea a fare il meglio possibile per la loro parte nel processo.

Provate a pensare in termini di bisogno piuttosto che di posti di lavoro, e pensate a lungo termine e non a breve, e avendo in mente la strategia di business. Questo approccio si lega direttamente al concetto di evoluzione del ruolo delle risorse umane da professionale a strategico.

Per avere successo, è necessario acquisire una solida conoscenza della vostra azienda; questa è la tua priorità.

Non è possibile adottare un approccio strategico tutto da solo. Hai bisogno degli altri dirigenti dell'organizzazione.

Vi servirà il loro contributo per capire le priorità di reparto, e se lavorerete bene acquisirete credibilità, e anche loro avranno bisogno del tuo aiuto. Lavora con il top management; insieme devi identificare tutto ciò che può influenzare l'efficienza e la economicità della gestione della tua azienda.

Ecco alcune delle domande chiave a cui dovete rispondere prima di fare la prossima mossa:

- ✓ *Quali sono i vostri obiettivi strategici aziendali di lungo periodo ?*
- ✓ *Quali sono le principali tendenze della concorrenza nel vostro settore? (In altre parole, quali fattori hanno la maggiore incidenza sulla successo competitivo?);*
- ✓ *Che tipo di cultura esiste attualmente nella vostra azienda? Quali sono i valori che si desidera posseggano i nuovi assunti ?*
- ✓ *Quali conoscenze e competenze bisogna ricercare per essere coerenti con gli obiettivi di business ?*
- ✓ *Quale piano attuare per assicurare che i dipendenti attuali saranno in grado di sviluppare le competenze per tenere il passo con la concorrenza?*

Non si tratta solo di assumere più dipendenti. Si tratta di fare le scelte migliori di personale per gestire il core business.

Se un manager di linea sta pensando di riempire una posizione esistente, incoraggiatelo a considerare come nel suo *gruppo le esigenze più critiche sono cambiate rispetto a un po' di tempo addietro.*

Verificate sempre con chi propone l'assunzione per una migliore comprensione di come le attuali risorse sono allocate. Aiutalo a identificare la frequenza e la tempistica di picchi di lavoro, e anche a cercare nuovi modelli organizzativi.

Discutere l'impatto dei cambiamenti nelle priorità aziendali e quali eventuali effetto di questi possono avere sul gruppo di lavoro in questione. Questa discussione consente di individuare eventuali carenze nelle risorse umane per le prossime iniziative.

Considerare un mix di risorse

Se si identificano delle carenze, come si farà a colmare il divario? Se è possibile si spostano alcune funzioni, domandandosi se è possibile che uno o più membri del personale possano essere caricati di ulteriori compiti.

La ridistribuzione di personale a tempo pieno può in parte soddisfare le richieste di aumento di organico, ma questo passo da solo probabilmente non è la risposta a tutti i problemi di personale della vostra azienda.

Se il personale di base è completamente occupato e si dispone di nuovi compiti che devono essere gestito su una base a lungo termine, può essere utile assumere personale permanente supplementare.

Se prossimi progetti sono di durata limitata o avete bisogno di particolari competenze non disponibili internamente, un mix di dipendenti a tempo pieno e *temporaneo può essere la soluzione migliore.*

In alcuni casi può essere utile l'outsourcing, girando una funzione intera ad uno specialista esterno, può soddisfare le vostre esigenze.

Il ruolo dei professionisti delle risorse umane

Con l'adozione di un approccio strategico alla gestione del personale, le opzioni si moltiplicano. Si guadagna flessibilità.

Esso consente ai dirigenti delle società di ricorrere a un mix ben congegnato di talenti per soddisfare sia gli obiettivi attuali che quelli a lungo termine.

Rivalutare gli obiettivi annualmente

Il cambiamento è molto rapido nel mondo del business. Perciò una priorità assoluta è quella di variare nel tempo obiettivi e piani per cercare di mantenere l'impresa competitiva.

Di conseguenza dovrai cambiare o aggiornare la tua strategia delle risorse umane, per definire i nuovi fabbisogni qualitativi e quantitativi.

Trovare nuovi dipendenti

Il fabbisogno di dipendenti per ricoprire le posizioni vacanti può essere ricoperto attingendo all'interno o all'esterno dell'organizzazione. Comincia con il guardare dentro la tua azienda, che dovresti conoscere molto bene.

Ma prima di entrare nello specifico della tua strategia di assunzione, dovresti valutare se conviene concentrare gli sforzi all'interno dell' organizzazione, o guardare fuori per i nuovi talenti.

La regola di successo è sempre stata quello di fare del vostro meglio per riempire la posizione vacante dall'interno, prima della ricerca di candidati esterni.

I motivi sono i seguenti: Assumere dall'interno di solito prende meno tempo ed è generalmente meno costoso (a breve termine, almeno) che assumere dall' esterno. Non c'è bisogno di nuotare attraverso risme di curriculum.

È possibile scegliere più rapidamente mediante l'intervista, e non c'è bisogno di preoccuparsi per l'affidabilità delle informazioni di riferimento. Inoltre, dipendenti in servizio sono una quantità nota.

Sai che tipo di prestazioni ci si può aspettare da loro; Assumere all'interno invia un messaggio ai dipendenti a tutti i livelli della propria organizzazione che una buona resa e viene premiata, aumenta la motivazione al lavoro; Il periodo di adattamento è più breve; Non solo i dipendenti esistenti hanno già familiarità con le politiche aziendali, ma sono probabilmente consapevoli di ciò che il nuovo lavoro comporta.

Forza lavoro diversificata

Negli ultimi anni il concetto di diversità è entrato nel mondo delle imprese. Tutti sanno che nel luogo di lavoro trovano sempre più spazio i problemi delle donne e degli stranieri.

La diversità ha un impatto estremamente positivo sul contesto economico. Se tutti nella vostra azienda pensano allo stesso modo, si perde la possibilità di far maturare idee innovative, che spesso provengono da persone provenienti da diverse culture.

Sono idee che possono aiutare a migliorare i vostri prodotti e il livello di servizio alla clientela. La diversità influenza anche le azioni di reclutamento, perché è ovvio che la comunicazione deve raggiungere diversi gruppi (etnici o altro) nel loro ambiente sociale.

Saranno inoltre necessarie adeguate azioni di formazione, dove il termine può voler significare una formazione intesa ad *aumentare la sensibilità verso "l'altro". quando le persone si sentono accettate e apprezzate dai loro colleghi, subordinati, e supervisori, la loro fedeltà E il loro morale aumenta la fedeltà e il morale, e questo a sua volta aumenta notevolmente la produttività.*

Ricerca di personale all'esterno

Una strategia di ricerca dall'interno però non sempre è attuabile, specialmente se l'azienda non è stata in grado di preparare un adeguato piano di rimpiazzi.

Parliamo quindi di ricerca all'esterno e diamo qui di seguito i punti fondamentali a favore: Se cerchi anche all'esterno hai a disposizione una fonte più ampia di talenti, e per posizioni critiche ciò può rappresentare un problema; ad esempio il problema della consanguineità organizzativa; Abbiamo già parlato dei benefici della diversità, e il cercare *all'esterno favorisce la diversità; Lavorare con la diversità vuol dire creare un ambiente di lavoro favorevole rispetto una vasta gamma di punti di vista.*

Outsourcing: Il ruolo delle risorse umane

L'outsourcing è la pratica con la quale si affida un lavoro all'esterno dell'azienda. In molti casi, i dipendenti della ditta esterna lavorano fianco a fianco con i dipendenti regolari di una società.

In alcuni casi, una funzione può essere esternalizzata a chilometri di distanza dalla sede dell'azienda, o anche fuori dallo Stato. Naturalmente, l'outsourcing non è certo un concetto nuovo.

C'è di nuovo l'emergere di un outsourcing come strategia anche per aziende che hanno sempre storicamente utilizzato proprio personale. Le aziende di solito usano l' outsourcing per risparmiare *tempo e denaro, sia per necessità che per scelta.*

La necessità è il fattore trainante quando per una società le richieste del business rischiano di superare la sua capacità di gestire una particolare funzione senza investire pesantemente in nuove attrezzature (o un nuovo impianto), o assumere un grande numero di nuovi dipendenti.

La scelta è il fattore determinante quando le aziende vogliono sfruttare al massimo tutte le energie interne su operazioni che contribuiscono direttamente al loro vantaggio competitivo, e in outsourcing quelle che possono essere considerate non strategiche.

Nel tuo ruolo di risorse umane devi cogliere le implicazioni di ciascun tipo di outsourcing in modo che possa dare un contributo a fornire consulenza strategica nel corso di qualsiasi processo di assunzione, e contribuire alle decisioni in *merito all'opportunità di utilizzare questa alternativa.*

Sommario

Superare brillantemente il colloquio di lavoro 1
L'autore 3
L'opuscolo 3
Premessa 4
   L'intervista di lavoro 8
      Tipi di intervista 11
      Intervista sulle competenze 11
      Intervista tradizionale 12
      Intervista di gruppo 12
      Intervista strutturata 12
      Intervista multipla 13
      Intervista telefonica 13
      Video intervista 13
      Conclusioni 14
   Preparazione dell'intervista 15
      Suggerimenti 17
      Da non fare mai 21
      Se siete troppo qualificati 21
      Consigli per i troppo qualificati 22
      Non dipende dalla fortuna 23
      Linee guida per risposte vincenti 23
      Piccoli suggerimenti per risposte vincenti 26

Risposte a domande sulle competenze e comportamenti 27

La tecnica STAR 29

La tecnica PAR 30

Risposta con la tecnica PAR 32

Come preparare le vostre risposte 34

Tecniche di intervista 35

Le aree chiave 36

Il lavoro offerto 37

Più di uno scambio di parole 39

Dimostrate di essere interessati 41

Atteggiamento positivo 42

Fate domande 42

Piccole cose che possono fare la differenza 43

Assessment center 44

Piccoli "grandi" suggerimenti 47

L'assessment e l'intervista tradizionale 48

Esercizi tipici in un assessment 49

Il ruolo dei valutatori 50

Assessment – vantaggi per i candidati 51

Suggerimenti conclusivi 52

Sei tipi di domande 55

Domande sulle competenze e comportamenti 56

Domande tradizionali 57

- Domande tecniche 58
- Domande aperte 58
- Domande ipotetiche 59
- Domande sul CV 60
- Esempi di domande 61
  - Domande sul nuovo lavoro 62
  - Domande sul lavoro precedente 62
  - Domande sulle competenze e comportamenti 63
  - Domande sulla carriera 63
- Consigli pratici 65
  - La sicurezza 67
    - Location 68
    - Alcool 69
    - Gestire le situazioni di disagio 70
    - Abbigliamento 71
    - Business casual per uomini e donne 73
  - Cercare le aziende, come e perché 76
    - Cercare un datore di lavoro specifico 78
    - Domande da fare alle aziende 79
    - Esempi di domande 80
    - Domande sulla retribuzione 81
  - Il linguaggio del corpo 83
    - L'intervista di Adam 84
    - La prima impressione è quella che conta 84

Pochi gesti e arriva il successo *86*

Non fare mai *86*

Fare sempre *87*

Pianifica la tua uscita *88*

Conclusioni *88*

Il processo di selezione *90*

Costruire una strategia *93*

Punti importanti del processo *94*

Considerare un mix di risorse *98*

Il ruolo dei professionisti delle risorse umane *100*

Rivalutare gli obiettivi annualmente *100*

Trovare nuovi dipendenti *101*

Forza lavoro diversificata *103*

Ricerca di personale all'esterno *104*

Outsourcing: Il ruolo delle risorse umane *105*

www.ingramcontent.com/pod-product-compliance
Lightning Source LLC
Chambersburg PA
CBHW072217170526
45158CB00002BA/632